AF456039

EXTRAICT DES PRIVILEGES

donnez & octroyez aux manans & habitans de la ville du Mans, confirmez par les Roys de France & verifiez en la Court de Parlement à Paris.

Auec autres Arrest du grand Conseil.

AV MANS.
Par AYME' HVOT, Imprimeur & Libraire, tenant sa boutique au Palais.

EXTRAICT DES PRIVILEges donnez & octroyez aux manans & habitans de la ville du Mans, confirmez par les Roys de France, & verifiez en la Court de Parlement à Paris.

ITEM & pour redimer de vexatiõs & obuier aux abuz qui ſe font chacun iour en noſtre Royaume, & reduire les choſes à raiſon, equité & droict commun. AVONS auſſi voulu & ordonné, voulons & ordonnõs, que leſdits Maire, Pers & Conſeillers qui ainſi ſeront eſleuz & auſſi tous & chacuns les manãs & habitans de noſtre dicte ville & cité du Mans, ne puiſſent eſtre citez, conuenuz, adiournez traictz, ne leuez en aucune Iurisdiction hors nostre ville du Mans en premiere instance. Par citations, monitions, & adiournemens, ou autrement par vertu du priuilleges de scollarité, ou aultres donnez par nos predecesseurs Roys & par nous confirmez & de nouuel dõnez & ordonnez. EXCEPTE toutesfois pour les officiers ordinaires, domestiques, & commensaulx de nous & de nostre chere & tres-aimée compaigne la Royne, & de nos enfans seullement.

ET oultre que tous les Bourgeois marchans manans & habitans des fosbourgs de nostredicte ville & cité du Mans, iouissent entierement de tous les priuilleges, franchiſes & libertez par nous donnez & octroyez à noſtredicte ville & cité du Mans. Et tout ainſi que ſi ceulx deſdicts fosbourgs euſſent eſté ou eſtoient nommez ſpecifiez, contenuz, exprimez & & declarez en noſdites lettres de chartre d'octroy & creation & ſans difference aucune.

EXTRAICT DES REgiſtres de Parlement.

VEuës par la court les deux lettres patētes du feu Roy Louys vnzieſme en forme de chartre. La premiere donnée à Thouars au mois de Feurier l'an mil quatre cens quatre-vingts vn ſoubz ſignez Louys & ſur le reply par le Roy, l'Eueſque d'Alby le ſieur de Gié mareſchal de France le

Bailly de Rouën & autres presens Geffroy. Et la deuziesme dõnée à Moutilz les Tours le dix septiesme iour de Iuillet, l'an mil quatre cens quatre vingt trois soubzsignez par le Roy, le Conte de Clermont & de la Marche. Vous les gouuerneurs de Lymousin grand seneschal de Normandie, Maistre Gratien Faure President de Tholoze, Pierre Salat President des enquestes, Philippes Baudot, Guillaume de Censay, & plusieurs autres præsens, Villechartier. Par lesquelles pour les causes y contenuës ledict feu seigneur Roy auroit donné & octroyé aux bourgeois manans & habitans de sa ville & cité du Mās les priuileges, franchises, libertez, droicts & exemptions y declarez

& specifiez pour en iouir & vser ainsi & par la forme prescripte par lesdictes lettres. Autres lettres patentes des feux Roys Louys douziesme, François premier Henry & François second aussi en forme de chartre obtenuës par lesdits bourgeois, manans & habitans de la ville du Mans. Les premieres donneés à Bloys au moys de Mars, mil quatre cens quatre vingts dix huict signée sur le reply par le Roy Messieurs Brandebiz de Champaigne Cheualier seigneur de Bazoges & autres presens Robertet. Les secondes données à Amboyse au moys de Iuin, l'an mil cinq cens & quatre, signées sur le reply par le Roy Robertet. La troisiesme donnée à Fontainebleau au mois de Ianuier, mil cinq cens quarante sept signées sur le reply par le Roy Duthyer. Et les quatriesmes & dernieres desdictes lettres données à Bloys au mois de Ianuier, mil cinq cens cinquante neuf aussi signez sur le reply par le Roy Duthyer. Contenans confirmation desdicts priuileges, franchises, libertez, & exeptions faictes par lesdicts feux seigneurs Roys. Autres lettres patentes du Roy à present regnant donnée au Boys de Boulongne le neufiesme iour de Iuin dernier passé soubzsignez par le Roy le Vayer, adressantes a la dicte Cour par lesquelles est mandé de proceder à la verification & entretenement desdittes lettres de confirmation deslictz priuileges donnez par ledict feu Roy François second & dernier decedé, nonobstāt la surannation d'icelles, & quelles ne soiēt à ladicte court addressantes n'y enuoyées de celuy seigneur, les conclusions sur ce du Procureur general du Roy & tout consideré.

Ladicte Court à ordonné & ordonne que lesdicts priuileges & confirmations d'iceux seront registrez és registres d'icelle, oy sur ce & consentant le Procureur general du Roy pour iouyr par les impetrans de l'effaict & contenu en icelles, tout ainsi & par la forme qu'ils en ont cy deuant bien & deuement iouy, & vsé & encores iouyssent & vsent à present. Faict en Parlement le vingt huictiesme iour de Iuin, l'An mil cinq cens ſoixante & douze ainſi ſigné.

DV TILLET.

Collation a eſté faicte à ſon original extraict du treſor de la ville du Mans par moy greffier d'icelle ſouz ſigné le quatrieſme iour de Iuillet l'an mil cinq cens quatre vingt quatre. Signé BOVTIER.

ARREST CONFIRMAtif, des priuileges de la ville & Cité du Mans.

Extraict des regiſtres de Parlement.

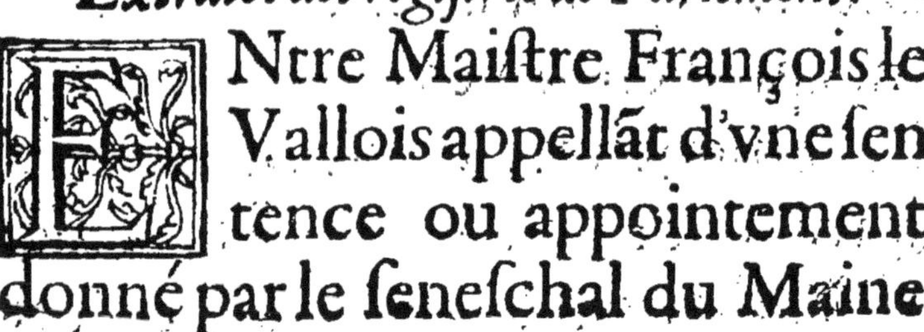

ENtre Maiſtre François le Vallois appellāt d'vne ſentence ou appointement donné par le ſeneſchal du Maine ou ſonlieutenant le ſeizieſme iour d'Aouſt, l'an mil cinq cens quatre vingts deux anticippé & deffendeur en requeſte d'vne part, & Maiſtre François Grudé aduocat en la court de ceans, Loys Hieroſme & Scolaſſe les Grudez, Iacques Ernault, Maiſtre Siluain Cõſtable aduocat au Mans, Iacques & François les Marrais anticipans & les manans & habitans de la ville du Mans, joincts demandeurs en requeſte affin de conſeruation de leurs priuileges d'autre & ne pourront les quallitez nuire ne prejudicier aux parties, Grignon pour l'appellant dit qu'il eſt eſcollier eſtudiant en l'vniuerſité d'Angers & a pieces en main pour le iuſtifier en ceſte qualité, ayant volonté de faire assigner les intimez pardeuant le Conseruateur des priuileges de ladicte Vniuersité, sur deux ou trois differents. Et preuoyant les intimez qu'ils seroient cõtraints d'y proceder l'ont fait adiourner pardeuant le seneschal du maine ou son lieutenant en acceptation de partaiges, pour par ce moyen le saisir de leurs differents, estant comparu & remonstré comme aussi auoit il faict hors iugement que si les intimez n'entendoient le faire proceder, qu'en ceste instance d'acceptation de partaige il ne vouloit decliner sa iurisdiction, toutes fois ne se contentans de sa declaration, ils ont faict ordonner, combienque l'appellant eust demandé le renuoy en vertu de sa testimonialle par deuant ledict conseruateur, qu'il procederoit au Mans. Dont est l'appel, auquel il cōclud à mal iugé, & que en emendāt le iugemēt il soit renuoyé à Angers pardeuāt ledict conseruateur, & les intimez condamnez és despens. Dagues pour les intimez dit qu'ils sont demeurans au Mans par les priuileges octroyez aux habitans de la dicte ville verifiez & confirmez en ceste court, lesdicts habitans ne peuuent estre tenuz plaider par deuant autre que le seneschal du dict lieu ou son lieutenant, bien que leurs parties soient priuilgiées mesmement du priuilege de scollarité, & ainsi à esté iugé par plusieurs Arrestz. Ont lesdits intimez faict assigner l'appellant pardeuāt ledict seneschal en la Iurisdiction duquel les choses dont est question sont assises, afin d'opter vn lot & partaige, ou dire les causes de refuz. Au lieu de ce faire, il à demandé son renuoy pardeuant le conseruateur des priuileges de l'vniuersité d'Angers, comme y estant escolier. Les intimez au contraire, ont remonstré leur priuileges plusfort & neantmoins requis que l'appellant eust a exiber sa testimonialle qu'il deuoit auoir en main & n'en ont fait apparoir & atendu que l'action estoit reelle, ledict seneschal conformément ausditz priuileges à ordonné qu'il procederoit pardeuant luy, Si dict qu'il à este bien iugé.

Duthou pour le procureur general du Roy dict que l'appellant & les inthimez sont priuilegiez, en Concours de priuilege, on ne ce peut ayder de l'vn ny de l'autre & est le reglement commun qu'il faut plaider pardeuant le iuge ordinaire, n'estoit que l'on voulust pretendre l'vn des priuileges plus fort que l'autre : mais l'appellant n'est en ce cas : car les priuileges des habitans du Mans verifiez en ceste cour portent qu'ils ne pourront estre tirez hors la iurisdiction du Seneschal du Mans encores qu'il eust priuilege de scollarité.

La Court de Grace à mis & met l'appellation à neant. Ordonné que ce dont à esté appellé sortira son plain & entier effect & condamne l'appellant és despens de la cause d'appel. Fait en Parlemẽt le vingt deuxiesme iour de Nouembre, l'An mil cinq cens quatre vingts trois.

Signé, DE HEVEZ.

OVYS PAR LA GRACE DE DIEV ROY DE FRANCE ET DE NAVARRE, A tous ceux qui c'est presentes lettres verront salut, sçauoir faisons que comparant en iugement en nostre Conseil, nostre bien Amé Maistre Iacque Gaultier sieur des Charrieres Aduocat au Siege Presidial du Mans, heritier par benefice d'inuentaire, à cause de Eleonor Breteau sa femme, de deffunct Maistre Charles Breteau, demandeur en requeste par luy presentée à nostre dict Conseil, & sur icelle impetrant commission le vingt-vnniesme Ianuier mil six cens quatorze afin de reglement de Iuge pour la contention de iuridisction, d'entre nostre Cour de Parlement de Paris & ledict Siege presidial du Mans, ce faisant que sans auoir esgard aux lettres de pretendüe desertion d'appel obtenuë par Nicolas Legerot & Iean Naturel & procedeures par eux faictes sur ladicte instance en nostre dicte Cour de Parlement au prejudice de la iuridisction dudict Siege presidial, les parties soyent renuoyée pardeuant lesdicts iuges presidiaux pour y proceder entre elles sur l'appel interiecté par ledit Gaultier, de la sentence du Iuge ordinaire de Laual comme de iuge incompetant du dixseptiesme d'Aoust mil

A

six cens treize,par laquelle il auroit deboutté iceluy Gaultier du renuoy par luy requis audict siege, de laction personnelle contre luy intentée par lesdicts Legerot & Naturel pour vne somme montant six liures quatre solz, estant au dessoubz de tous les chefs d'vne part, & lesdictz Legerot & Naturel deffendeurs d'autres, & Dame Charlotte de Naussau Princesse en Orenge Duchesses desdictes Cours Mere & Tutrice de Messire Guy de Laual de la Trimouille Duc & Pair de France demanderesse en requeste par elle presentée à nostre dict Conseil le cinquiesme du present mois de May, afin d'interuenir partie audict reglement de Iuges pour y desduire son interest & ses moyens d'interuention d'vne part, & lesdicts Gaultier Legerot & Naturel deffendeurs à ladicte requeste d'autre, apres que Pierre Camus assisté dudict Gaultier en personne pour les moyens par luy desduictz, à conclud audict reglement de iuge à ce que y faisant droict & sans auoir esgard à l'interuention de ladicte Dame de la Trimouille lesdictes parties soient renuoyées pardeuant lesdicts Iuges presidiaux du Mans, pour y proceder entre elle sur leur dict proces & differend auec despend, Boutherais pour lesdicts Naturel & Legerot pour les moyens par luy desduictz, à conclud à ce que sans auoir esgard audict reglement de Iuge lesdictes parties soient renuoyées en nostre dicte Cour de Parlement de Paris pour y pro-

3

ceddder sur ladicte cause d'appel & desertion & demande despens, Saincte Marthe pour ladicte Dame de la Trimouille audict nom, à dict que lesdicts Legerot & Naturel sont iudiciables de Iuge de Laual, & que son interest est que la iurisdiction du Sieur Comte de Laual soit consetuée, & conclud à ce que lesdictes parties soient renuoyées, en nostre dicte Cour de Parlement, & que nostre Procureur General à sur ce esté ouy, iceluy nostre dict grand Conseil par son Arrest faisant droict sur ledict reglement de iuges, à renuoyé & renuoye les parties pardeuant les Presidiaux du Mans pour y procedder entre elles sur l'execution de leurs iugemens ainsi qu'il appartiendra par raison despens reseruez.

Si donnons en mandement & commettons par ces presentes au premier des Huissiers de nostre dict grand Conseil ou autre, nostre Huissier ou Sergent sur ce requis, qu'a la requeste dudict Gaultier, ce present Arrest (en temps que besoing seroit) il signifie ausdicts Legerot & Naturel à ce qu'ils n'en pretende cause d'ignorance, en leur donnant assignation à comparoir à certain & competant iour pardeuant les gens tenant le Siege Presidial au Mans, pour y procedder entre lesdictes parties sur l'execution de leurs iugemens ainsi qu'il appartiendra par raison, & outre faire tous autres exploictz requis & necessaires, de ce faire luy auons donné & donnons pouuoir, &

mandons & commandons à tous nos Iusticiers Officiers & subjectz qu'a nostre dict Huissier ou Sergens sans pour ce demander aucunes lettres de placet visa ne pareatis, en ce faisant soit obey, en tesmoings de quoy nous auons faict mettre & apposer nostre seel à cesdictes presentes, Donné & prononcé en l'audience de nostre dict grand Conseil à Paris le treiziesme iour de May, l'An de grace mil six cens quatorze, & de nostre regne le quatriesme.

Par le Roy à la relation des gens de son grand Conseil,

THILEMENT.

Et scellé en cire jaulne le sixiesme Iuin, mil six cens quatorze.

AVTRE ARREST.

ENtre Maistre Pierre Vasse en la qualité qu'il procede, demandeur en recognoissance de sin comparant, par Me. Iacques Vasse son Aduocat & Procureur d'vne part.

Et Maistre Iean Garnier deffendeur comparant par Maistre Iean Garnier son Aduocat & Procureur.

Election de domicille és maisons de leurs Aduocatz.

PArtyes ouyes auec les gens du Roy, sans auoir esgard au declinatoire proposé par le deffendeur dont le debouttont attendu que le demandeur à soustenu estre demeurans en cette ville du Mans, ordonnons que les partyes procederont par ſeans, dont le deffendeur à appellé.

Donné au Mans pardeuant nous François le Vayer Conſeiller du Roy Lieutenant General en la Seneſchauſſée du maine, le douzieſme iour de Mars, 1614.

EXTRAICT DES REGISTRES de Parlement.

ENtre Iean Garnier appellant de ſentence donnée par le Seneſchal du maine, du douzieſme Mars, & vingtſeptieſme Septẽbre dernier d'vne part, & maiſtre Pierre Vaſſe inthimé, ſans que les quallitez puiſſe prejudicier, apres que Ferrand pour l'appellant & Thillier pour l'inthimé, ont eſté ouy ſur l'appel auquel l'appellant à conclud de ce qu'il à esté ordonné qu'il procedera au Mans, ensemble du iugement depuis & au prejudice donnez, à ce que le tout soit cassé & remis à Mayenne La Cour à mis les appellations au neant despẽs de la cause d'appel reseruez, ordonné que ce dõt a esté appellé sortir à son effect, Faict en Parlement le dernier iour de Mars mil six cens quinze.

Signé, VOYSIN.

Collation des coppies cy dessus à esté faicte à leurs originaulx saint & entiers, representez par Maistre Mathurin Oudineau pour ledit Maistre Pierre Vasse & à luy renduz par nous Notaires Royaulx demeurans au Mans, soubz signé le troisiesme iour de Ianuier, mil six cens vingt-six.

www.ingramcontent.com/pod-product-compliance
Ingram Content Group UK Ltd.
Pitfield, Milton Keynes, MK11 3LW, UK
UKHW022207190726
13855UKWH00004B/1656

9 782013 046398